Ye.

1939

REMERCIMENT

A

MONSEIGNEVR

LE DVC DE DVRAS,

PAIR, ET MARESCHAL

DE FRANCE,

CAPITAINE DES GARDES DU CORPS

DU ROY,

ET GOUVERNEUR DE LA COMTÉ

DE BOURGOGNE, &c.

Par ses tres-humbles , tres-obeissans, & tres-
obligez Serviteurs les Prestres de l'Oratoire
de IESVS du College de Salins.

A
MONSEIGNEVR
LE DVC DE DVRAS.
PAIR, ET MARESCHAL
DE FRANCE,
CAPITAINE DES GARDES DU CORPS
DV ROY,
ET GOUVERNEUR DE LA COMTE'
DE BOURGOGNE, &c.

SAGE & GENEREUX DUC, *dont la haute prudence*
Egale la valeur, & l'auguste naissance;
Et de qui les bontez par leurs attraits vainqueurs
Charment tous les Esprits, ravissent tous les Cœurs;
Ne desaprouvez pas l'ardeur, qui nous anime
A Vous offrir les vœux d'un devoir légitime;

A 2

Et que pour reconnoistre & loüer Vos bien-faits,

Dont nous éprouvons tous les sensibles effets,

Ma voix, foible qu'elle est, suivant la voix publique

Sur nos Ressentimens à Vous-même s'explique.

Vos insignes bontez, qui s'estendent sur tous,

Naguere ont fait passer leurs graces jusqu'à nous.

Il faut donc que nos cœurs pleins de Reconnoissance

S'efforcent aujourd'huy, malgré leur impuissance,

De publier du-moins les extrêmes douceurs,

Dont Vous accompagnez sans cesse Vos faveurs.

Car en effet Vôtre Ame, & si grande, & si bonne,

Qui fait du bien à tous sans excepter personne,

Se plaît à prévenir, ou passer le souhait ;

Et sa maniére même est un autre bienfait.

Nous l'avons ressenty : mais sur cette matiére

Les justes sentimens d'une Province entiére

S'expliqueront bien-mieux, quoy-qu'ils n'égalent pas

Ce qu'à les mériter Vos graces ont d'appas.

Parlez, Peuples commis à sa garde fidéle,

Qui sans cesse éprouvez son amour plein de Zéle :

Parlez,

Parlez, & dittes-nous, par quel art ses bontez

En tous lieux ont gaigné toutes vos Volontez.

Son humeur obligeante, & si promte à bien-faire,

Qui mét tout son plaisir à ne jamais déplaire;

A joindre la douceur avecque le pouvoir,

Sans s'écarter jamais des régles du devoir;

A rendre de soy-même à tous l'accez facile.

Et montrer d'un cœur franc la parole civile;

N'est-ce pas le secret, qui fait incessament

Consacrer mille vœux à son Gouvernement?

Sa piété solide, & dont les saints exemples

Aux yeux de tout le monde éclatent dans nos Temples;

Son Zele pour la Foy, l'invincible soutien,

Que sa protection accorde aux gens-de-bien;

Cent autres qualitez, qu'en luy le monde admire,

Que l'on conçoit bien mieux, qu'on ne sçauroit les dire,

Sont les attraits puissans, qui charment vos Esprits,

Et font naître l'amour, dont vos cœurs sont épris.

Mais qui pouroit loüer Vos Vertus Héroïques,

Qui du commun bonheur sont les sources publiques;

B

Et dont, GENEREUX DUC, tous les épanchemens

Exigent nos Respects, & nos Remercimens ?

La noblesse du sang, deZ Vos jeunes années

Vous ouvrit le chemin aux grandes destinées,

Que l'on Vous voit remplir, & dont l'illustre cours

De nouvelles splendeurs éclatera toûjours.

Ce n'est pas mon dessein d'emprunter de l'histoire

Les faits de Vos Ayeux pour orner Vôtre gloire.

L'on sçait que ces Heros par mille beaux exploits

Ont soutenu l'honneur de l'Empire François.

La gloire, qu'en tous lieux leur vertu s'est acquise,

Des bords de la Garonne aux bords de la Tamise

Couronnant leur mérite, accompagnant leurs pas,

Rend célébre par tout le grand Nom de DURAS.

Cet Esprit pénétrant & remply de lumiére,

Qui conduit le beau feu de Vôtre Ame guerriére,

Et qui sçait ménager dans les occasions

Le moment favorable aux grandes actions;

Ce courage prudent autant-que magnanime,

Qui dans tous ses projets n'a rien que de sublime;

Et sçait pour soutenir la gloire de son ROY

Signaler son amour , & signaler sa foy ,

Font reconnoître assez par des preuves certaines

Que leur genereux sang , qui coule dans Vos veines ,

En guerre comme en paix anime les vertus ,

Dont ces dignes Heros ont esté révétus.

Mais depuis l'heureux jour que la Grace celeste

Dégagea Vôtre Esprit de cette erreur funeste ,

Que le malheur des tems fit suivre à Vos Ayeux ,

Et que dez le berceau Vous suivîtes comme Eux ;

Depuis cet heureux jour , Vos Vertus plus sinceres

Ont un éclat plus pur , que celles de Vos Peres ;

Et comme cet éclat brille sans tache en Vous ,

En rélévant le leur , Vous les effacez tous.

La Grace avoit conquis le cœur du grand TURENNE ,

Son pouvoir triompha du Vôtre aussi sans peine:

Pour Vous ranger tous-deux sous ses divines loix

D'un fameux Cardinal * Elle emprunta la voix ;

Ce pieux Conquérant aussi Zélé que sage

De concert avec Elle achéwa cet Ouvrage.

* Monseigneur le Cardinal de Bouillon.

B 2

Et tous-deux pour la Foy gaignez par ses avis,

Tous-deux il Vous à vûs de mille autres suivis.

Fortuné changement ! glorieuse conqueste !

Dont la terre & les Cieux ont célébré la feste ?

Prévenu par l'erreur que Vous préniez pour loy,

Vos yeux s'etoint fermez pour un tems à la Foy :

Mais apres s'estre ouvers à sa vive lumiére,

Vôtre gloire en devient de beaucoup plus entiére,

Tel paroît le soleil plus brillant & plus pur,

Apres s'estre caché sous un nüage obscur ;

Et sa lumiére enfin, qu'il rend aux yeux du monde,

Estant plus éclatante, est aussi plus féconde.

Vous aviez fait paroître en Vos plus tendres ans,

Des plus hautes vertus les essais triomphans :

La suite avoit rendu leur éclat plus illustre ;

Mais la divine Foy leur donne un nouveau lustre.

Dans ces nobles travaux , qu'ouvre le champ de Mars,

Vôtre jeune valeur triompha des hazards.

Trois lustres n'avoient pas achévé leur carriére

Qu'on vit les beaux effets de Vôtre ardeur guerriére.

Et

Et cette noble ardeur, qu'on admiroit en Vous,

Charmoit les plus vieux Chefs, en les rendant jaloux.

A l'école d'un Oncle amy de la victoire,

Vos Essais ont été des Essais pleins de gloire;

Et dez-lors la Comté sous ce puissant Guerrier

Vit Vôtre jeune front couronné de laurier.

En dépit des hyvers, & malgré leurs tempestes

Vous appristes des-lors à faire des conquestes.

Aux Combats de Fribourg, de Nortlingue, & de Lens,

Vôtre ferme courage, & Vos soins vigilans

En cent occasions firent assez paraître

Que Vous aviez été Disciple d'un grand Maître;

Qu'agissant, comme luy, de la teste & du bras,

Vous Vous rendiez fidéle à marcher sur ses pas;

Qu'enfin dans un Heros le cœur, & la sagesse

Sont les fruicts avancez d'une mûre jeunesse.

Hailbron & Schonendorf éprouverent en Vous,

Ce que sage au Conseil, & le prémier aux coups

Vn jeune Colonel peut d'un cœur intrépide

Au milieu des dangers, où l'honneur sert de guide.

Il n'est ny Baſtions , ny Rédoutes , ny Forts,

Qui puiſſent réſiſter à Vos prémiers efforts.

Mais Auxbourg ſignala bien-mieux cette Campagne,

Où Vôtre fermeté ſçût braver l'Allemagne ;

Quand d'une armée entiére elle arreſta le cours,

De qui les Aſſiégez attendoient leur ſecours.

Que des fiers Allemands les troupes innombrables,

A tout-autre qu'à Vous paroiſſent rédoutables :

Avec trois Regimens animez de l'ardeur,

Qu'alors leur inſpira Vôtre invincible cœur,

Vous ſoutintes le fort de toute la tempeſte,

Dont les horribles coups ménaçoient Vôtre teſte.

Les Ennemis confus, aux dépens de leurs morts,

Virent, avec douleur, ſans effet leurs efforts.

Ces belliqueux exploits n'étoient qu'un beau prélude,

Dont Vos Vertus devoient ſe faire une habitude.

La Catalogne en vit le progrez éclatant,

Qui Vous fit mériter le rang de Commandant. [a]

L'Italie admira ces Vertus conſommées,

Lors qu'en genereux Chef conduiſant deux [b] Armées,

a En qualité de Lieutenant-general. b De France & du Duc de Mantoüe.

Maint siege, & maint combat par Vos Faits ennoblis

Sur les rives du Pô firent fleurir les Lys.

Cent Postes importants, cent Forts inacessibles

Se rendent aux efforts des François invincibles,

Qui dans le Mantoüan suivant Vos étendars

Vont faire triompher leur ROY de toutes pars.

Les forces d'Italie, & les forces d'Espagne,

Foibles pour resister, vous cédent la Campagne.

Mais enfin, SAGE DUC, mon ROY victorieux

Vous ouvre dans la Flandre un champ plus glorieux

Sur la Sambre & la Lys témoins de la vaillance,

Qui vous fait soutenir la gloire de la France,

Par tout Vous fécondez, par des faits in-oüis,

Les Armes & les droits de l'Auguste LOÜIS.

Par ce puissant Vainqueur.* quatre Villes conquises

Sont en un même tems à Vôtre foy commises :

Et ces nouveaux Sujets, sous ce Gouvernement,

Eprouvent les douceurs d'un heureux changement.

Ces grandes actions, & le cours d'une vie,

Que les Vertus ont mise au dessus de l'envie,

* Tournay, l'Isle, Athe, Oudenarde.   C 2

Vous faisant éclater au milieu de la Cour

S'acquirent de LOVIS & l'estime & l'amour.

Que c'est, GENEREUX DUC, un illustre partage,

De posseder le cœur d'un Monarque si sage!

Que ce merite est grand, & qu'il est sans pareil,

Qui peut estre à l'épreuve aux yeux de ce Soleil!

Ce-grand Prince éclairé d'une sagesse extrême,

Qui luy fait tout connoître, & tout voir par luy même,

Honora Vos Vertus, couronna Vos Exploits

De Titres éclatans, & de nobles Emplois.

Le rang de DUC ET PAIR, dont il Vous jugea digne,

Fit encore briller Vôtre mérite insigne :

Et par ce juste choix, qui fut au-gré de tous,

Il montra son estime & son amour pour Vous.

Mais pour signaler mieux les marques qu'il en donne,

Il veut Vous confier son auguste Personne.

Par ce Dépost sacré, qu'il commet à Vos soins,

Vos yeux de ses vertus sont les prémiers témoins.

Lorsque Vous l'entendez prononçer ses oracles,

Lorsque Vous le voyez conçevoir les miracles

Des

Des Conseils importans, & des Projets divers,

Dont l'exécution surprend tout l'Univers ;

Si sage en ce qu'il fait, & dans ce qu'il ordonne

Soutenir sans appuy le poids de sa Couronne,

Luy seul regner en Roy sur ses peuples soûmis,

Luy seul se faire craindre aux plus fiers Ennemis,

Commander des assauts, ordonner des batailles,

Renverser à ses piéds les plus fortes murailles,

Et faisant admirer sa Sagesse & son Cœur,

Vnir en soy les Noms de Grand & de Vainqueur ;

Vôtre conduite alors & s'applique & s'ajuste

Aux exemples fameux de ce Modelle auguste :

Et comme elle l'exprime heureusement en soy,

La Comté voit en Vous l'image de son ROY.

Telle est la noble fleur, qu'un superbe parterre

Voit au-dessus des fleurs, qui rampent sur la terre,

Au plus chaud de l'esté, d'un mouvement pareil,

Suivre l'impression & le cours du soleil ;

Et tournant ses régards vers ce flambeau du monde

Se peindre & s'animer par sa chaleur féconde :

D

Elle en a la figure, elle en a la couleur,

Et le soleil entier brille dans cette fleur.

Ainsi le Grand LOUIS aime à se reproduire

Dans ses nobles Sujets, en qui l'on voit reluire

Les traits de ce Soleil, qui SEUL SUFFIT A TOUS;

Mais entre tous, bien-mieux est reproduit en Vous.

L'ardeur, qu'à l'imiter sa vertu Vous inspire,

Fait qu'en Vous admirant, dans Vous même on l'admire;

Et que Vous retracez par de semblables traits

Et ce qu'il fait en guerre, & ce qu'il fait en paix.

Quand sur les bords du Rhin ce Monarque invincible,

Aux Hollandois domtez se rendoit si terrible;

Lorsque portant par-tout la Victoire avec soy,

En un mois il rangea cent Villes sous sa loy;

Ses Guerriers animez de la plus noble envie,

Certains de la Victoire à ses vœux asservie,

Montrent à l'Ennemy, qu'ils mettent aux abbois,

Ce que peut sous LOUIS la valeur des François.

Parmy tous ses Guerriers, dont le cœur magnanime

En suivant ce Grand ROY s'est acquis tant d'estime,

Vous l'avez secondé dans ces sanglants hazards,

Vous avez des prémiers guidé ses Estendards,

Qui voloient sous ses yeux de conqueste en conqueste;

Vous avez repoussé les coups de la tempeste,

Que l'Allemagne en-vain opposoit au torrent

Des merveilleux succez de ce fier Conquérant.

En marchant sur les pas du glorieux TURENNE

Par-tout Vous imitiez sa vertu plus-qu'humaine.

Ce grand Héros suivy de ses dignes Neveux

Compagnons de sa gloire, & de ses Faits fameux,

Fait rougir l'Allemagne & de sang & de honte:

Il n'est rien qu'en tous-lieux sa force ne surmonte,

Ses progrez surprenants se comptent par les jours,

Et tout effort est vain pour en borner le cours.

BRANDEBOURG *se soustrait à son bras par la fuite;*

Au cœur de ses Estats il rétrouve à sa suite

Ce Chef, dont la vertu maîtresse au champ de Mars

Mét la gloire au-dessus de celle des Césars.

Vous partagiez son cœur, Vous partagiez sa gloire;

Aussi ne ferez-Vous avec luy qu'une histoire:

Et des siecles futurs les Héros envieux

Feront cette justice à Vos Noms glorieux.

Faut-il poursuivre en Chef cette heureuse Campagne ?

Un semblable succez toûjours Vous accompagne :

Et des murs de Maseik jusques à Charle-roy,

Vôtre marche répand la terreur & l'effroy.

Si-tost que le François part sous Vôtre conduite,

Le Batave éperdu prend tout-soudain la fuite :

Et traisnant apres soy sa honte & sa douleur,

Se dérobe en fuyant à son dernier malheur.

Ces mérites divers t'ont donné l'avantage,

D'avoir un Gouverneur & si brave & si sage,

Province, qui ressens par ses soins aujourd'huy

Le bonheur sans-pareil d'estre sous son appuy.

Tu le voyois naguere, à l'égal de la foudre,

Ietter tes Forts par terre, ª & les réduire en poudre.

Mais ne regrette plus la perte de tes Forts,

Que ton bonheur faisoit céder à ses efforts :

Puisque tu réconnois que ta perte passée

Par son Gouvernement est trop récompensée.

ª Les Forts de Saint-Anne, & de Joux.

Tu

Tu l'éprouves affez : & tu fens châque jour

Rédoubler fes bontez, & croître fon amour.

Tu le vois accorder en fage Politique

L'intereft de ton Prince, & la caufe publique;

En bon Pere appliquer fes veilles & fes foins,

A ménager tes droits, à régler tes befoins;

En Iuge intelligent terminer les affaires,

Et réconcilier des interefts contraires.

Dans ce qu'il exécute, ou projette pour Toy,

Réconnoy la faveur, dont l'honore ton ROY;

Appren, par celuy même, auquel il t'a commife,

Combien il te chérit, & combien il te prife.

Et révére en ton Duc, comme un rare bien-fait,

Le don fi précieux, que LOVIS t'en a fait.

Lors qu'aux vœux des mortels le Ciel plus favorable

Aura daigné donner une paix fouhaitable,

Par les charmans effets de fes foins amoureux

Voy ce qu'on peut attendre en un tems plus heureux.

Dans cette aimable paix il trouvera matiére,

A te faire éprouver fa bonté toute entiére.

Ie ne te le dis point sur un présage obscur ;

Le présent, qu'il t'a fait, t'assûre du futur.

Ce sera par Vos soins, & sous Vôtre conduite,

Qu'on verra la Comté plus heureuse en la suite ;

FAMEUX DUC, & bien tost LOVIS sçaura par Vous

Verser de ses faveurs l'épanchement sur nous.

Sous Vôtre ferme appuy la PROVINCE tranquile

Moissonnera les fruits de son climat fertile.

Et le bruit éclatant de Vôtre illustre Nom

La protégera mieux, que celuy du Canon.

Si LOVIS, qui la couvre à l'abry de ses palmes,

Luy fait goûter la paix parmy ses peuples calmes ;

C'est Vous, qui conservez cette tranquilité,

Qui fait le fondement de sa félicité.

Paisible en ce repos, elle vit sans allarmes ;

Et si de ses confins on voit courir aux Armes,

Voisine de la guerre elle en entend le bruit ;

Mais elle ne sent point le malheur, qui la suit.

L'on n'y déplore point le funeste ravage

D'un fier vainqueur, qui seme en tous lieux le Carnage ;

L'on n'entend nulle-part les cris des malheureux,

Que ceux, dont ses voisins rétentissent chez eux.

Vôtre heureux Ascendant, sous celuy de son Prince,

Détourne tous ces maux de dessus la PROVINCE.

Et l'Ascendant heureux, qui fait nôtre bonheur,

Est dans Vôtre sagesse & dans Vôtre valeur.

De TURENNE jadis le bras insurmontable,

Et la haute prudence aux Germains redoutable,

Nous servoient de rampart contre leurs vains efforts;

Des Héros de son sang sont aussi nos supports.

Vôtre Frére fameux, comme un autre Vous-même,

Fit par son grand courage & sa sagesse extrême

Naguere aux Allemands ressentir la fureur,

Qu'anime à la vengeance une juste douleur.

Le grand TURENNE mort dans le sein de la gloire

Par ce digne Neveu remporte une victoire.

Cet Oncle triomphant, en dépit du trépas,

Dans le bras du Neveu voit combatre son bras.

Comme il admire en luy la prudence infinie,

Qui fait en commandant révivre son genie.

Le Rhin tout-étonné vit ce Chef sur ses bords

Aux Manes de son Oncle immoler mille morts.

Là son cœur animé de son ardeur guerriére

Fit ce qu'a-peine eût pû faire une armée entiére.

Là du sang Allemand faisant enfler les eaux

A cent Chefs terrassez enléva cent drapeaux :

Et sauvant une armée, & l'honneur de la France,

Domta des Ennemis la brutale insolence.

Le Lion qu'un outrage anime à se vanger,

Va d'une moindre audace affronter le danger ;

Et contre un Ennemy digne de son courage

Il fait moins ressentir les efforts de sa rage ;

Que cet ardent Vainqueur, en ce Combat fameux,

Par un digne transport de son cœur genereux,

Ne court aux Ennemis, pour vanger cette perte,

Que l'Armée en la mort de son Chef à soufferte.

O ! que si l'interest, & le bien de l'Estat

Ne Vous eût éloigné pour lors de ce Combat,

De TURENNE vangé rétraçant les vestiges

Vous auriez sur le Rhin fait les mêmes prodiges ;

Comme

Comme un Frére vainqueur, pouſſé du même Eſprit,

Vôtre bras indomtable auroit fait ce qu'il fît:

Redoublant aux vaincus la perte qu'ils ont faite,

Vous auriez achévé leur entiére défaite.

Tous-deux ſi bien inſtruits, entre tous les Guerriers,

Dans ce bel Art, qui montre à cueillir des lauriers,

Conduits par la prudence, & remplis du courage,

De cet Oncle, qui fut auſſi vaillant que Sage;

Et ſans être jaloux, l'un de l'autre Rivaux,

Tous-deux Vous pourſuivez la gloire à pas égaux.

Suivants ce beau tranſport, & cette noble envie,

D'exprimer en Vous-deux ſa glorieuſe vie,

Vous allez rétraçer ce Modelle achévé

De tout ce qu'un Héros a de plus rélevé.

Pratiquant les léçons de cet habille Maître,

Dévenus aprez luy ce qu'il à ceſſé d'eſtre,

Vous a'lez faire encor cent grandes actions,

Qui raviront la gloire aux Fréres Sçipions.

La Voſtre à couronné Voſtre Vertu guerriére

Des plus brillans rayons de ſa vive lumiére:

F

Et par mêmes dégreʒ, placeʒ au même rang,

Vous avez mérité ce qu'elle a de plus grand.

Le Titre glorieux de Mareſchal de France

Naguere à Vos beaux Faits donné pour récompenſe

Faiſoit bénir le chöix, que LOVIS fit de Vous:

Comme il fut ſans faveur, il n'eut point de jaloux.

A cet autre Vous-même, à ce Frére admirable,

Ce Grand ROT deſtinoit un honneur tout-ſemblable.

Et ſon Eſprit enfin auſſi juſte en ſes choix,

Que ſon Cœur eſt ſublime en ſes rares Exploits,

Eléve ce Guerrier à cet honneur ſuprême;

Comme il luy fait juſtice, il la fait à ſoy-même;

Et montre par ce choix, que grand dans ſes projets,

Il l'eſt également dans ſes dignes Sujets.

Du haut des Cieux TURENNE aperçoit ce Monarque

Donner de ſa juſtice en Vous la même marque,

Dont il vit ſur la terre honorer ſes Vertus,

Et dont avec plaiſir il Vous voit révétus.

Mais dans quel ſentiment de joye & d'eſperance

Ne regarde-t-'il point le bonheur de la France,

Qui déja dans Vous-deux a récouvré l'appuy,

Que sur le Rhin naguere Elle perdit en luy !

Orgueilleux Ennemis, dont la jalouse envie

Vit finir avec joye une si belle vie,

Ne Vous prévalez point de cette triste mort,

Qu'on ne doit imputer qu'au seul crime du sort.

Deux Héros, deux Neveux de ce Chef invincible

Sçauront apres sa mort vous le rendre terrible.

Lorsqu'il joüit au Ciel dans le sein de la paix

Du loyer immortel de ses illustres Faits,

Sa Vertu, qui jadis triompha sur la terre,

Va triompher encore en ces Foudres de guerre.

Leurs Faits, dont vous devez avoir le souvenir,

Montrent ce qu'on peut d'Eux attendre à-l'avenir.

Et le monde a déja l'espérance certaine,

Que l'on va voir revivre en Eux plus d'un TURENNE.

VAILLANT DUC, c'est l'espoir si charmant & si doux,

Que la France à conçû si justement de Vous:

Et sans se flater trop, par ces heureux présages,

Elle a, pour l'assûrer, d'indubitables gages.

Allez-donc embellir par des Exploits nouveaux

D'un éternel éclat Vos insignes travaux :

Allez de Vos Vertus, par des Faits Heroiques,

Donner à l'Univers des preuves magnifiques.

Il suffit, pour cela, qu'en rétraçant Vos pas

Vôtre même Vertu fasse agir Vôtre bras.

Que si les interests, & la gloire du Prince,

Qui Vous a confié cette chére Province,

Exigent de Vos soins & de Vôtre bonté,

De veiller au repos de toute la Comté ;

Vous y moissonnerez toûjours la même gloire,

Vous gaignerez toûjours quelque insigne victoire.

Vous n'y verserez point le sang des Ennemis ;

Mais Vous y regnerez sur tous les cœurs soûmis.

Et sans en rien devoir à l'effort de Vos Armes,

Vos bontez Vous feront triompher par leurs charmes.

Les Peuples animez de leurs ressentimens

Y pousseront au Ciel mille applaudissemens.

A ces devoirs communs nous unirons les nôtres,

Et nos vœux y feront meslez aux vœux des autres.

Pour

Pour pouvoir dignement répondre à Vos faveurs,

Nous sçaurons implorer le secours des neuf Sœurs ;

Qui feront desormais leur plus grand avantage,

De Vous rendre en leurs chants quelque nouvel hommage.

Et si Vous agréez cet essay de leurs vœux,

Peut-estre que d'un ton & d'un vers plus pompeux

Elles s'efforçeront de chanter Vos merveilles,

Dont l'aimable récit charmera les oreilles.

Toujours Elles ont fait leur plaisir le plus doux,

De loüer dans leurs vers les Héros comme Vous.

Elles consacreront aussi Vôtre Memoire

En Caractéres d'or au Temple de la Gloire.

Cent Titres immortels de l'antique Maison,

D'où, par mille Héros, Vous tirez Vôtre Nom,

Leur fourniroient encore une matiere illustre,

Qui, sans Vous rien donner, prendroit de Vous son lustre.

Elles y chanteroient, parmy ce que le Sang

Soutenu du mérite étale de plus grand,

Cet Hymen fortuné, cette auguste Alliance,

Par qui Vôtre Maison s'unit aux Lys de France ;

Et joignant DURASFORT *avecque* VENTADOUR

D'un lien de vertus, de nobleſſe, & d'amour,

Promet par un Héros, & par une Héroïne

De dignes Deſcendants d'une tige divine.

Mais ce Projet eſt grand : & nos Muſes n'ont pas

La force ny la voix, pour loüer tout DURAS.

Agréez ſeulement cet eſſay de leur Zéle,

Qui Vous offre aujourd'huy leur hommage fidéle :

Et ne dédaignez pas, dans ce Remerciment,

GENEREUX DUC, *l'aveu de leur Reſſentiment.*

J. BAHIER Preſtre
de l'Oratoire.

www.ingramcontent.com/pod-product-compliance
Lightning Source LLC
Chambersburg PA
CBHW070745280326
41934CB00011B/2803